D0856424

Los animales nos cuentan su vida

# Animales de la granja

**Élisabeth de Lambilly-Bresson**

GARETH**STEVENS**
**GS**
P U B L I S H I N G
A Member of the WRC Media Family of Companies

# El gallo

Soy un gallo.
Como soy el rey
de la granja,
tengo una corona roja
y elegantes plumas.
Cuando amanece,
canto para despertar a todos.
¡Qui-qui-ri-quí!

# El cerdo

Soy un cerdo.
Me encanta comer pasto.
También me encantan
el maíz y las papas.
Pero, sobre todo,
¡me encanta revolcarme
en el barro!
¡Oinc, oinc!

# La vaca

Soy una vaca.
Paseo por el campo todo el día.
Como pasto para hacer
buena leche para ti.
Paseo y como
y mastico y mastico.
¡Muuu, muuu!

# El pato

Soy un pato.
Gracias a mis pies palmeados
nado muy bien.
Mis plumas son como
un impermeable
y me ayudan a estar
bien seco y calentito.
¡Cuac, cuac!

# El caballo

Soy un caballo.
Tengo patas largas y fuertes,
y una crin y una cola muy lindas.
Puedo ir al paso o al trote.
¡A veces, hasta al galope!
Soy el animal más veloz
de la granja.
¡Iiiiaa, iiiiaa!

# La oveja

Soy una oveja.
Mi pelo se llama vellón.
Si me lo cortas,
puedes usar mi gruesa lana
para hacerte tu propio abrigo.
¡Beeee, beeee!

# El conejo

Soy un conejo.
Tengo el pelo muy suave
y dos largas orejas.
Mi naricilla no para
de moverse
—ni cuando como tréboles
y zanahorias.
¡Cram, cram, croc!

**Please visit our Web site at:  www.garethstevens.com**
**For a free color catalog describing Gareth Stevens Publishing's**
**list of high-quality books and multimedia programs, call**
**1-800-542-2595 (USA) or 1-800-387-3178 (Canada).**
**Gareth Stevens Publishing's fax:  (414) 332-3567.**

**Library of Congress Cataloging-in-Publication Data**

Lambilly-Bresson, Elisabeth de.
      [Animals on the farm. Spanish]
      Animales de la granja / Elisabeth de Lambilly-Bresson. — North American ed.
          p. cm. — (Los animales nos cuentan su vida)
      ISBN-13: 978-0-8368-8104-2 (lib. bdg.)
      1.  Domestic animals—Juvenile literature.   I.  Title.
   SF75.5.L3318   2006
   636—dc22                                                              2006034711

This edition first published in 2007 by
**Gareth Stevens Publishing**
A Member of the WRC Media Family of Companies
330 West Olive Street, Suite 100
Milwaukee, WI  53212  USA

Translation:  Gini Holland
Gareth Stevens editor:  Gini Holland
Gareth Stevens art direction and design:  Tammy West
Spanish translation: Tatiana Acosta and Guillermo Gutiérrez

This edition copyright © 2007 by Gareth Stevens, Inc.  Original edition copyright © 2002 by
Mango Jeunesse Press.  First published as *Les animinis: A la ferme* by Mango Jeunesse Press.

Printed in the United States of America

1 2 3 4 5 6 7 8 9 10 10 09 08 07 06